Trainingslehre „Laufen"

Grundlagen für Laufeinsteiger

Bibliografische Information der Deutsche Nationalbibliothek:
Die Deutsche Nationalbibliothek verzeichnet diese Publikation
in der Deutschen Nationalbibliografie; detaillierte
bibliografische Daten sind im Internet über http://dnb.dnb.de
abrufbar.

Herstellung und Verlag:
BoD – Books on Demand, Norderstedt

ISBN: 9783734740046

Inhaltsverzeichnis

Startlinie

Das Laufen gehört zu den ureigenen Formen menschlicher Fortbewegung. Während unsere Urahnen auf der Jagd nach Fleisch oder auf der Flucht vor wilden Tieren Kilometer um Kilometer rennen mussten, hat sich die Notwendigkeit der Fortbewegung per Pedes auf ein Minimum reduziert. Oft besteht das tägliche Bewegen nur noch aus dem Weg von der Wohnung zum Auto oder vom Parkplatz zur Arbeitsstelle. Wir wollen Ihnen mit unserem Ratgeber die wichtigen Grundlagen für Ihr Training mitgeben und verzichten ganz bewusst auf Hinweise zur Funktionsbekleidung oder zum richtigen Laufschuh. Sie sollten sich diesen Rat lieber bei einem Fachmann in einem Laufgeschäft holen. In einem qualitativ guten Laufshop wird man sich nach Ihren Bedürfnissen richten und Sie mit dem richtigen Material für die Freude am Laufen versorgen. Denken Sie bei der Ausrüstung daran, dass es kein schlechtes Wetter sondern nur schlechte Kleidung gibt. Sparen Sie also nicht am falschen Ende Ihrer Laufbahn.

Bewegung ist ein Medikament

Ihr Körper ist jedoch auf Bewegung ausgelegt: unsere Bandscheiben und auch der Knorpel unserer Gelenke ist auf das Laufen und die dadurch entstehende Wechselwirkung aus Belastung und Kompression sowie der folgenden Entlastung angewiesen. Erst durch diesen Wechsel können Nährstoffe eingelagert werden, da kein eigener Stoffwechsel vorhanden ist. Viele Krankheiten sind die Folge von Bewegungsmangel und falscher Bewegung. Für Ihre Gesundheit ist es erst einmal unerheblich, ob Sie Sport treiben oder sich anderweitig bewegen. Wichtig ist nur, dass Sie eben Energie verbrauchen. Leider haben wir modernen Menschen oftmals eine völlig verzerrte Wahrnehmung von Bewegung und sind schon aus der Puste, wenn einmal die Rolltreppe oder der Aufzug streikt. Wie so oft macht auch beim Sport und der Bewegung die Dosis das Gift – wenn Sie zu viel wollen und zu schnell mit dem Training starten drohen Überlastungsprobleme. Laufen Sie zu wenig oder zu langsam dürfen Sie nicht erwarten, dass Ihr Körper Anpassungsreaktionen zeigt. Bezogen auf die gesundheitsfördernde Wirkung des Sporttreibens empfiehlt die Weltgesundheitsorganisation und das American College of Sports Medicine durch Bewegung täglich ca. 400 kcal zusätzlich zu verbrauchen. Das entspricht in etwas einem Lauf von ca. 30 – 40

Minuten am Tag! Wenn wir davon ausgehen, dass aus zeitlichen und trainingsmethodischen Gründen tägliches Training nicht umsetzbar ist, sollten Sie also 2 – 4 Trainingseinheiten pro Woche durchführen, die jeweils 60 – 90 Minuten dauern, um einen Kalorienmehrverbrauch von ca. 2300 kcal pro Woche zu erreichen. Sport im Allgemeinen und Laufen im Speziellen spielt zunehmend eine wichtige Rolle in der Prävention und in der Therapie von Stoffwechselerkrankungen. Bewegungsmangel gilt hingegen als einer der wichtigsten Risikofaktoren in Bezug auf die Morbidität und die Mortalität im Zusammenhang mit Herz-Kreislauferkrankungen und dem Metabolischen Syndrom[1]. Bis zu 80 % der Bevölkerung sind in Deutschland von Bewegungsmangel betroffen[2]. Wenn Sie sich nun dazu entschieden haben Sport zu treiben und mit dem Laufen beginnen, fördern Sie aktiv Ihre Gesundheit und unterstützen zudem Ihr Wohlbefinden. Allerdings gilt für körperliche Bewegung und ganz besonders für das Laufen dass die richtige Dosis entscheidend für die Wirkung ist. Sport wirkt eben nicht nur wie ein Medikament sondern kann ebenso wie Pillen und Tropfen Über- oder Unterdosiert werden. Aus diesem Grund ist es wichtig sich mit einigen Grundlagen zum Lauftraining auseinanderzusetzen.

Lauftraining einmal qualitativ betrachtet

Das Laufen zeichnet sich dadurch aus, dass allein Sie Rahmen für Ihr Training bestimmen. Sie benötigen weder ein Sportstudio noch ein Leichtathletikstadion sondern können sich einfach Ihre Schuhe binden und los laufen. Genau aus diesem Grund spielt das laufen nicht allein beim Thema körperliche Fitness oder Gesundheit eine große Rolle. Ganz im Gegenteil: abseits der Moralkeule rund um Sport und Gesundheit, kann Bewegung und Motivation zum Laufen ganz einfach auch dem Zusammenhang von Lebenskonzept und Sport entspringen. Viele Menschen mit großen beruflichen Beanspruchungen lieben es beim Laufen abzuschalten. Sei es vor der Arbeit oder danach – Training ist für viele Menschen ein Mittel von der Arbeit zu entspannen. Lauftraining kann aber auch einfach um des Laufens willens betrieben werden. Auch für diese Läufergruppe gelten die bekannten trainingsphysiologischen Grundlagen. Allerdings muss nicht jedes Trainingskonzept mit speziellen Vorgaben oder anhand der Trainingslogik zur Leistungssteigerung geplant werden. Läufer die sich der qualitativen Form der Trainingslehre des Laufens verschreiben trainieren oftmals nach eigenen Normen ohne sich den Regeln oder Prinzipien der bekannten Laufpäpste zu unterwerfen. Lauftraining kann auch anhand eigener Konzeptionen ohne feste Vorgaben erfolgen. Geht es Ihnen jedoch um das steigern Ihrer Leistung, das Reduzieren Ihres Körpergewichtes oder wenn Sie das Ziel haben einen Volkslauf, einen Halbmarathon oder einen Marathon zu laufen, sollten Sie sich mit den Grundlagen des Trainierens vertraut machen. Technische Unterstützung finden Sie bei Bedarf in Pulsmessern und GPS Sensoren – allerdings sollten Sie derlei Hilfsmittel immer als das sehen, was sie im Kern sind: Informationen zu Ihrem Training, die sie mehr oder weniger berücksichtigen können. Was allein zählt ist Ihre persönliche Motivation und ihre subjektive Zielstellung. Lernen Sie Ihr Training qualitativ zu betrachten und sehen Sie Ihren Körper nicht allein als formbare Maschine. Laufen hat auch immer etwas mit Genuss zu tun – mit diesem Buch wollen wir Ihnen wichtige Informationen anbieten und Ihnen das Laufen näher bringen – als Ihren Sport und Ihren Weg zu mehr Ausdauer und Gesundheit.

Trainingslehre – die Grundlagen für Ihr Lauftraining

Wenn Sie mit dem Lauftraining starten, stellen sich viele Fragen, die Ihr Training betreffen und zu denen Sie sich unbedingt vorab Gedanken machen sollten:

1 Wie viel Zeit kann ich in der Woche auf das Lauftraining verwenden – und wie viel Zeit ist optimal für meine Ziele und meinen Leistungsstand?

2 Wie lange muss ein Lauf sein, damit ich meine Ziele erreichen kann?

3 Wie schnell darf ich laufen, damit ich mich nicht über- oder unterfordere?

4 Was passiert bei welcher Herzfrequenz in meinem Körper?

Solche Fragen gehörten bereits bei den Athleten der Antike zu den wichtigen Problemen, die Sportler und Trainer beschäftigten. Denn: gezieltes Trainieren ist keine Erfindung der Moderne. Ganz allgemein geht es bei den Fragestellungen zum Systematisieren des Trainings darum Methoden und Wege zu finden, mit deren Hilfe Sie als Sportler Ihre körperliche Leistungsfähigkeit optimal entwickeln können. Das Optimum ist dabei von Ihren persönlichen Zielen abhängig: wollen Sie einen Marathon schaffen oder an einem Volkslauf teilnehmen oder wollen Sie einfach Ihr Herz-Kreislauf-System vor ernsthaften Erkrankungen bewahren? Nicht zuletzt geht es auch darum Überlastung zu vermeiden, denn beim Laufen muss Ihr Körper auch große Belastungen auf den Band- und Sehnenapparat aushalten. Laufen Sie zu intensiv, sind Reizungen und Entzündungen die Folge. Auch die zur Verfügung stehende Zeit begrenzt die Möglichkeiten bei vielen Läufern. Letztendlich stoßen aber auch ambitionierte Freizeitläufer mit Marathon Bestzeiten unter 3 Stunden oder Profisportler an Grenzen bei denen die eingesetzte Zeit und der Erfolg gegeneinander aufgewogen werden muss. Das „immer mehr von immer dem Selben" hemmt die Leistungsentwicklung, denn die Anpassungen Ihres Körpers sind auf Abwechslung und die Qualität Ihres Trainings angewiesen. Grundlegend ist das Ziel der Trainingslehre Wege zu finden, mit denen das Aneinanderreihen von Inhalten und Methoden in Ihrem Training aufeinander abgestimmt und in eine systematische Reihe gebracht werden kann. So soll vermieden werden, dass sich konditionelle Eigenschaften gegenseitig negativ beeinflussen oder sogar in der Entwicklung bremsen. Stattdessen soll das Zusammenspiel der Trainingseinheiten dafür sorgen, dass sich die verschiedenen Trainingsinhalte in Ihrer Leistungsentwicklung optimal unterstützen.

Die Grundlagen der Trainingslehre

Die sportliche Leistungsfähigkeit besteht aus einem sehr komplexen System konditioneller Fähigkeiten, dass je nach Anforderungsprofil eines Sports in einer unterschiedlichen Ausprägung optimiert werden muss. Zu den einzelnen Teilbereichen sportlicher Belastungen zählt neben der Kraft und der Ausdauer auch die Schnelligkeit. Zusammen mit der Koordination und der Beweglichkeit ergeben sie den Kanon der motorischen Fähigkeiten, die Sie in Abb. 1 in der Übersicht sehen können. Teilweise beeinflussen sich die verschiedenen Komponenten allerdings in Training und Wettkampf negativ, so dass die Hauptaufgabe eines Trainers ist, das Training so zu systematisieren, dass die gegenseitige Beeinflussung auf ein Minimum reduziert wird, und Sie als Sportler so Ihre maximale Leistungsfähigkeit entwickeln können. Betrachtet man nun die Grundlagen der Trainingslehre müssen wir uns zunächst einmal mit der Frage auseinandersetzen, was denn Trainingslehre eigentlich genau ist und was sie kann.

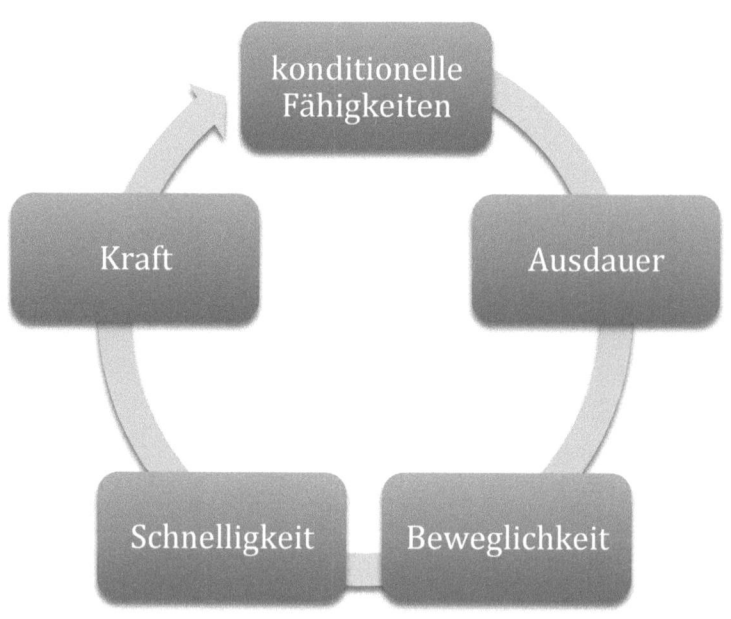

Abb. 1 Die konditionellen Fähigkeiten

Regeln für Ihr Training

Sie können Ihr Lauftraining beginnen, indem Sie einfach loslaufen und Ihr Training beenden, wenn Sie keine Lust mehr haben oder wenn Sie müde sind. Wenn Sie jedoch versuchen Ihr Training etwas zu strukturieren und Ihrem Körper ausreichend Erholung zu gönnen und auch mal unterschiedlichen Belastungszonen laufen wollen, müssen Sie sich näher mit den Prinzipien des Trainierens auseinandersetzen. Umfang, Dauer, Intensität und Dichte sind die Fachworte, mit denen sich Ihr Training beschreiben lässt. Für den Laien stellen sich einfach die Fragen: Was soll ich wann, wie oft und wie schnell trainieren? Um Ihrem Training nun eine Struktur geben zu können, müssen Sie neben den verschiedenen motorischen Fähigkeiten wie Kraft, Ausdauer und Schnelligkeit zunächst einmal die Frage der Organisation in den Vordergrund stellen. Im Laufe der Zeit haben sich deshalb Regeln entwickelt, die als „Prinzipien" Ihnen in der Planung Ihres Trainings eine Orientierung geben sollen. Allerdings sollten Sie die Trainingsprinzipien immer nur als Leitfaden behandeln und letztendlich Ihre individuellen Gegebenheiten als Maßstab nehmen. Dazu muss auch einschränkend gesagt werden, dass die Trainingsprinzipien eben nicht durchgängig als wissenschaftlich erprobte Verhaltensregeln betrachtet werden dürfen. Obwohl sie oft als Gesetzmäßigkeiten des

Trainings bezeichnet werden, handelt es sich eben nicht um feste Planungsvorgaben!

Die Trainingsprinzipien als Planungshilfen

Man bezeichnet die Prinzipien des Trainings oft als Kernstück der Trainingslehre und dementsprechend sollen sie als allgemeine Handlungsorientierung verstanden werden. Allerdings darf man dabei nicht vergessen, dass es sich nicht um wissenschaftlich gesicherte Regeln für Ihr Training handelt. Dennoch können sie Ihnen in vielen Bereichen des sportlichen Trainings eine sichere Handlungsgrundlage bieten und Ihnen so helfen Belastungen systematisch zu entwickeln. Wir müssen allerdings feststellen, dass die Anzahl von Trainingsprinzipien in den letzten Jahren geradezu sprunghaft angestiegen ist. So werden in den aktuellen Veröffentlichungen zur Trainingslehre bis zu 25 Prinzipien angeführt[3]. Ursache für diese hohe Anzahl ist wohl, dass der Wunsch eine möglichst große Sicherheit zu bieten, denn Trainer arbeiten größtenteils mit Unsicherheiten. Die Fülle der vermeintlich objektiven Prinzipien führen jedoch in der praktischen Anwendung zu einer Vielzahl von Problemen, denn die meisten dieser Prinzipien entstammen aus dem Leistungssport. Lauftraining besteht jedoch aus eine Vielzahl unterschiedlicher Sportler mit unterschiedlichen Zielstellungen, Voraussetzungen und Problemen. Anpassungen an eine Trainingseinheit laufen

14

nicht immer nach dem selben Schema ab! Während Ihr Herz-Kreislaufsystem sehr schnell regeneriert, sind Ihre Energiespeicher in den Muskeln mitunter erst nach mehreren Tagen wieder auf dem Stand von vor der Belastung. Knochen, Sehnen und Bänder benötigen am längsten und Ihre Anpassung benötigt mehrere Wochen. die verschiedenen Anpassungen auf neuronaler Ebene laufen aber nicht linear ab! Wichtig ist, dass Sie die Unberechenbarkeit von Training erkennen. So können bei identischen Trainingseinheiten, aufgrund der jeweiligen Beanspruchung bei zu unterschiedlichen Trainingswirkungen bei einer Trainingsgruppe führen. Den Anpassungen können aufgrund unterschiedlicher Regenerationszeiten komplett andere zeitliche Abläufe zu Grunde liegen. Deshalb darf Ihr Trainingskonzept eben nicht allein auf der Basis von Modellvorstellungen geplant werden. Ihre persönliche Biologie und Ihre Adaptionsprozesse spielen bei der Trainingsplanung durchgängig eine wichtige Rolle. Ein offenes Trainingsverständnis, gepaart mit einigen wenigen Grundprinzipien scheint wesentlich effektiver Ihre körperlichen Anpassungen widerzuspiegeln als die festgelegten Trainingsstrukturen der klassischen Trainingslehre.

Trainingsprinzipien dürfen keinesfalls inflationär verwendet werden. Konzentrieren Sie sich lieber auf die wichtigen und grundlegenden Prinzipien, mit denen Sie Ihr Laufkonzept entwickeln. Richten Sie Ihr Training aber nicht nach vermeintlichen Gesetzmäßigkeiten aus, von denen keineswegs klar ist, ob sie überhaupt auf Freizeitsportler angewendet werden können. In Anlehnung an den Würzburger Sportwissenschaftler Prof. Dr. Harald Lange finden Sie deshalb eine übersichtliche Zusammenstellung von 6 Regeln (siehe Abb. 2), anhand derer Sie Ihr persönliches Trainingsprogramm zusammenstellen können[3]. Wenn Sie nun Ihre persönliche Zielstellungen und Ihre körperlichen Leistungsvoraussetzungen in einen Plan überführen, entsteht Ihr individuelles Programm. Setzen Sie die Prinzipien ausgewogen ein ohne eines zu stark zu gewichten. Deshalb sollen Sie mit dem übersichtlichen Vorschlag einiger weniger Regeln aus dem Spektrum theoretischer und praktischer Vorgaben in der Lage sein Ihr Ausdauertraining auf eine langfristige Entwicklung hin auszulegen.

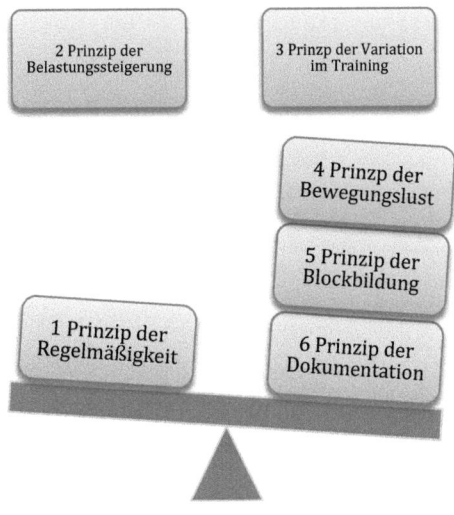

Abb. 2: Die Prinzipien für Ihr Lauftraining

1. Trainingsprinzip: Regelmäßig trainieren

Regelmäßiges Trainieren ist eine entscheidende Grundfunktion für das Entstehen körperlicher Anpassungen. Gerade wenn Sie ein Trainingsanfänger oder Neueinsteiger sind, sollten Sie darauf achten, durchgängig Trainingsreize zu setzen. Versuchen Sie mehrere Trainingseinheiten pro Woche einzubauen. Längere Unterbrechungen oder Pausen, sei es aus beruflichen oder privaten Gründen führen zu einer Rückentwicklung der erreichten Leistungsfähigkeit. Wenn Sie einen Start bei einem Volkslauf anstreben, sollten Sie mindestens 3 Trainingseinheiten innerhalb einer Woche einplanen. Nur dann hat es überhaupt einen Sinn einen Herzfrequenzmesser zu kaufen oder auch einmal eine Leistungsdiagnostik durchführen zu lassen. Auch wenn die Empfehlung regelmäßig zu trainieren recht banal klingt, ist sie doch für Ihren Körper von großer Bedeutung. Ist der Abstand zwischen 2 Trainingseinheiten zu groß, können Knochen, Sehnen und Bänder sich nicht hinreichend Anpassen. Umfangsteigerungen sind so nicht möglich. Das regelmäßige Trainieren bezieht nicht allein auf die Laufkilometer. Auch wenn Sie Krafttraining, Koordinations-, Intervall- oder Schwellentraining in Ihr Training einbauen wollen, zählt das regelmäßige durchführen zu den Grundprinzipien. Zusätzlich sollten Sie immer auch auf Ihr Körpergefühl hören und Trainingseinheiten an Tagen mit schlechter Stimmung oder Motivation auch mal weglassen. Im umgekehrten Fall sollten Sie Tage, an denen Sie sich sehr gut und fit fühlen nicht ungenutzt verstreichen lassen. Auch wenn in Ihrem Trainingsplan ein Ruhetag eingeplant ist, dürfen Sie durchaus mal laufen gehen. Insgesamt kommt es auf das richtige Verhältnis von Belastung und Pausen an, wobei Sie lieber ausgeruht einen wirkungsvollen Trainingsreiz setzen sollten, anstatt zu häufig zu trainieren und so die Reize im Mittelmaß verschwimmen zu lassen.

2. Trainingsprinzip: Ansteigende Belastungen

Ihre Leistungsfähigkeit setzt sich aus unterschiedlichen Komponenten zusammen, die Sie nicht alle gleichzeitig maximal entwickeln können! Ultralangstreckenläufer werden auf kurzen Distanzen immer Probleme mit der Schnelligkeit haben, während Kurzstreckler auf der Marathondistanz nicht ohne weiteres das Ziel erreichen. Das gleichzeitige Steigern von Trainingsumfängen und der Intensität führt also nicht automatisch zu einem Anstieg der gewünschten Leistungskomponenten, sondern eher zu einer Formkrise und Übertraining. Sie sollten deshalb darauf achten, dass Sie inhaltliche Schwerpunkte in Ihr Training einbauen. Innerhalb eines Trainingsblockes können Umfang oder Intensität gesteigert werden. Achten Sie aber darauf nicht beide über die Maßen zu steigern, da sonst schnell Überlastungen und Entzündungen drohen. Richtlinien und feste Anhaltspunkte ab wann Ihr Training zu viel wird gibt es aber nicht. Das liegt daran, dass die Anpassungsfähigkeiten in Bezug auf die Trainingsreize und die Regeneration individuell zu unterschiedlich verteilt ist. Allgemeingültige Vorgaben führen so eher zu Fehlern im Trainingsaufbau. Dazu kommt, dass im Einzelfall ganz bestimmte Trainingsinhalte nötig sind, um überhaupt Verbesserungen erzielen zu können. Wenn Sie z. B. bereits eine sehr gut ausgebildete Grundlagenausdauer haben, werden Sie durch weitere Umfangssteigerungen keine Leistungsverbesserungen mehr erzielen. Stattdessen hilft dann nur ein Training, dass aus extensivem oder intensivem Intervalltraining besteht. Das gilt vor allem deshalb, weil die Grundlagenausdauer auch bei langen Zielstrecken nicht maximal ausgebildet sein darf, sondern optimal auf die anderen Anforderungen wie die Schnelligkeit oder die Kraft abgestimmt sein muss. Eine zu stark ausgebildete Ausdauerfähigkeit kann so zu einer suboptimalen Gesamtleistung führen. Grundlegend sollten Sie aber, egal welchen Schwerpunkt Sie in Ihrem Training setzen, immer darauf achten, dass Sie bis zu Ihrem Leistungshöhepunkt die Belastungen progressiv – also ansteigend – gestalten! Entlastungsphasen müssen diese Phasen unterbrechen. In der Praxis hat sich für das Lauftraining ein Verhältnis von 3:1 oder 2:1 etabliert. Das bedeutet, dass nach 3 Wochen ansteigender Belastung eine Woche mit reduzierten Umfängen folgt. Diese dient der Regeneration und dem Stabilisieren des Leistungszuwachses. Über mehrere dieser Zyklen betrachtet gilt auch das die Belastung diesem wichtigen Prinzip folgend ansteigen sollten, um Ihre Leistungsentwicklung optimal zu fördern.

3. Trainingsprinzip: Variieren Sie die Inhalte und Ihre Trainingsstrecken

Ihnen wird sicher recht schnell auffallen, dass es wesentlich einfacher ist einen Trainingsplan am Schreibtisch zu erarbeiten, als die Einheiten dann auch wirklich in der Trainingspraxis durchzustehen! In Phasen, in denen umfangbetontes Trainieren auf Ihrem Plan steht, fühlen sich die langen Einheiten meistens von Tag zu Tag schwerer an. Vor allem mental sind diese Phasen äußerst schwierig, da die Einheiten insgesamt recht monoton ablaufen – und das, gerade weil eine solche Phase, die meist über 3 Wochen geht, zudem mit progressiv ansteigenden Wochenumfängen einhergeht. Beispielsweise kann in der 1. Woche der Gesamttrainingsumfang von Läufern mit dem Ziel die Grundlagenausdauer zu verbessern bei 130 km liegen, in der 2. Woche bei 150 km und in der 3. Bei 170 km. Um die Monotonie in Ihrem Trainings etwas abzumildern und den Spaß beizubehalten, sollten Sie darauf achten, die Strecken oder das Gelände stets zu variieren. Gleichzeitig meint diese Prinzip aber auch, dass Sie die Trainingsinhalte, also Umfänge oder die Intensitäten nicht all zu lang in der selben Art und Weise einplanen sollten. Ein der größten Fehler beim Planen des Trainings ist die zu große Monotonie innerhalb der einzelnen Abschnitte. Ihr Körper gewöhnt sich mit der Zeit an die Trainingsinhalte, die nach einiger Zeit keinen neuen Reiz mehr darstellen. Anpassungen Ihres Körpers werden durch zu gleichförmige Belastungen verhindert, wenn Anforderungen durch Ihren aktuellen Leistungsstand abgedeckt werden können. Abwechslungsreiches Trainieren setzt immer wieder neue Reize durch die variablen Anforderungen. So werden in Ihrem Körper stets neue Anpassungsprozesse ausgelöst. Sie müssen also darauf achten, Ihre Trainingsinhalte über die Zeit ständig zu variieren, um Stagnation zu vermeiden. Möglichkeiten der Variation bieten Ihnen die Umfänge, die Intensität aber auch die Strecke. Sie können Fahrtspiele einbauen und diese am Geländeverlauf orientieren. Gelegentliche Sprints an einem markanten Punkt oder auch Intervalle bieten Abwechslung und setzen neue Reize. Allerdings müssen Sie immer darauf achten die Variation im Einklang mit den anderen Prinzipien wie der Blockbildung oder den ansteigenden Belastungen zu betrachten. Anhand dieser Problematik wird auch deutlich wie wichtig das Fokussieren auf einige wenige, aber dafür wichtige Prinzipien ist!

4. Trainingsprinzip: Lust an der Bewegung

Es gibt immer wieder Tage, an denen Sie spüren: Lust darauf die geplante Laufrunde doch noch etwas auszudehnen. Das kann beispielsweise ein erster Sonnentag im Frühjahr sein oder ein Tag, an dem Sie beruflich und privat Erfolge erzielt haben. Neben den an der Trainingslogik orientierten Plänen, sollten Sie darauf achten auch Ihr subjektives Empfinden zu berücksichtigen. Gerade bei Freizeitsportlern steht neben der reinen Leistungsverbesserung auch der Spaß an der Bewegung im Vordergrund. Ausdauersport ist eben Bewegung an der frischen Luft und das Erfahren von Natur und Ihrer Strecken. Deshalb liegt das Ziel eben auch in der Bewegung selber. Selbst Profisportler bewegen sich ja nicht allein wegen ihres Gehaltes, sondern haben durchaus auch Freude an der Bewegung und ihrer Sportart. Das sollten Sie sich als ambitionierter Sportler nicht nehmen lassen! Für Sie gilt, dass Sie Ihr Training vor allem auch an der Bewegungslust und am Spaß ausrichten sollten. Gleichwohl gilt, dass Training auch mal schmerzt und Schmerzen verursacht. Gerade im Ausdauersport ist auch das Erleben von Schmerzen ein Bestandteil des Trainings, Sie können so Ihre eigenen Grenzen ausloten.

5. Trainingsprinzip: Blockbildung

Blockbildung im Training bedeutet, dass unterschiedliche inhaltliche Schwerpunkte in das Training eingeplant werden. Dabei können die Blöcke umfangsbetont oder intensitätsbetont durchgeführt werden. Beim Erstellen Ihres Trainingsplanes müssen Sie die jeweiligen Zielstellungen für die einzelnen Trainingsabschnitte festlegen. In Abhängigkeit von Ihren Defiziten oder Stärken, können Sie diese akzentuiert berücksichtigen und so an Ihrer Gesamtleistung arbeiten. Wenn Sie über eine sehr gut ausgeprägte Grundlagenausdauer verfügen, kann Ihr Körper Energie entweder über Kohlenhydrate oder über Fette bereitstellen. Wenn Sie über eine sehr gute aerobe Ausdauerfähigkeit verfügen, die Energie aber in erster Linie aus Kohlenhydraten gewonnen wird, muss Ihr aerobes Training vor allem auf das Optimieren Ihres Fettstoffwechsels ausgerichtet werden. Sie würden dann in Ihrem Training also Blöcke bilden, die vor allem auf diesen Bereich abzielen. An diesem Beispiel erkennen Sie, wie sehr Diagnostik und Trainingsplanung verzahnt werden können. Wenn Sie bei einer leistungsdiagnostischen Untersuchung Ergebnisse aus einer Spiroergometrie oder eine Laktatdiagnostik erhalten, können Sie direkte Hinweise auf Ihr Training erhalten. Die Blockbildung Ihrer Trainingsinhalte kann dann gezielt auf Ihre Voraussetzungen ausgerichtet werden. Die Schwerpunkte dieses Trainingsprinzips liegen einmal im gezielten Ausrichten der Belastung auf mögliche Defizite, aber auch in der bestmöglichen Konzentration auf die gewünschten Anpassungen. Wenn Sie Ihre Schnelligkeit verbessern möchten und nur unregelmäßig einzelne Sprinteinheiten absolvieren werden Sie weniger Effekte haben, als bei einer akzentuierten Bildung von Trainingsblöcken, mit deren Hilfe bestimmte Fähigkeiten gezielter angesprochen werden. Ne nach Ihrer Zielstellungen können Sie innerhalb eines Trainingszykluses also Trainingsblöcke einbauen, innerhalb derer Ihr Training akzentuiert auf einzelne Fähigkeiten ausgerichtet ist. Sie könnten Schnelligkeitsblöcke oder Grundlagenblöcke in Ihr Training einbauen und sind so in der Lage sich gegenseitig negativ beeinflussende Trainingsinhalte zeitlich voneinander zu trennen.

6. Trainingsprinzip: Trainingstagebuch

Auch wenn Ihr Training individuell auf Sie ausgerichtet ist, sollten Sie in der Lage sein Schlüsse aus möglichen Fehlern in Ihrer Planung ziehen zu können. Ein Trainingsprozess hat immer auch etwas mit „Kennenlernen" zu tun. Sie oder Ihr Trainer müssen die Reaktionen Ihres Körpers erfahren und dann gemeinsam Schwachpunkte in der Planung erkennen und ausmerzen. Am einfachsten ist das, wenn Sie ein Trainingstagebuch führen. Dort notieren Sie die wichtigsten Informationen zu den Umfängen und den Inhalten Ihres Trainings. Ihr Trainingstagebuch kann ein einfacher Kalender sein oder auch eine Tabelle. Zudem existieren auch spezielle Softwarelösungen. Wichtig ist, dass Sie Ihre Trainingsumfänge, die Intensität Ihrer Belastung aber auch Angaben zu Geschwindigkeit notieren. Zusätzlich müssen Sie insbesondere Ihre subjektive Einschätzung zur Belastung und Beanspruchung und Ihr dazugehöriges Körpergefühl berücksichtigen. Notieren Sie neben den quantitativen Angaben auch Ihre subjektiven Eindrücke. Dazu können Sie beispielsweise eine einfache Skalierung nutzen und einen Smiley oder ein anderes Symbol verwenden. Wer ganz umfangreiche Informationen wünscht, kann die Belastungsinformationen ergänzen um den Ruhepuls oder das morgendliche Gewicht. Wenn Sie einen Laufcomputer oder einen Pulsmesser benutzen können Sie dessen Daten häufig auch direkt auswerten und speichern. Die modernen Geräte werden in der Regel mit einer eigenen Software ausgeliefert, die in der Lage ist die jeweiligen Trainingseinheiten zu speichern. So zeichnen Sie ein genaues Abbild Ihrer Leistungsentwicklung. Daraus können Sie oder Ihr Trainer genaue Rückschlüsse auf Ihr Training ziehen und dieses dann für die Zukunft weiter verbessern! Die langfristige Planung zu Ihrem Training lässt sich so überarbeiten und der aktuellen Entwicklung anpassen. Auch wenn mit etwas Aufwand verknüpft ist das Führen eines Trainingstagebuches sehr wichtig. Schreiben Sie möglichst viele Informationen auf und notieren Sie vor allem ihr eigenes Empfinden und Ihre Anmerkungen zum Training.

Physiologie des Laufens

Laufen hängt eng mit der Funktion Ihrer Muskeln und der Energiebereitstellung zusammen. Wenn Sie Ihr Training verstehen wollen, sollten sie einige physiologische Grundlagen kennen. Wir stellen Ihnen einige wichtigen physiologischen Zusammenhänge aus Belastung und den Trainingskonsequenzen vor.

Belastungen im Lauftraining

Wenn wir Lehren aus der Geschichte ziehen wollen, scheint „Marathon" keine kluge Distanz für Läufer zu sein. Grund zur Sorge gibt der Lauf des legendären Boten Pheidippides, brach er doch tod zusammen, nachdem der die Kunde vom Sieg über den Gegner aus Persien von Marathon nach Athen trug. Diese geschichtsträchtigen 40 Kilometer liegen jedoch weit zurück und so starten jährlich in etwa 130.000 Menschen bei einer der fast 250 Marathonveranstaltungen in Deutschland. Heftig diskutiert wird nach wie vor aber die Frage, ob ein Marathonlauf förderlich für die Gesundheit ist oder ob Sie ihr gar schaden, wenn Sie sich auf die 42,195 Kilometer lange Strecke begeben. Statistisch gesehen kann von einem Todesfall auf 110 000 Startern bei Marathonläufen

27

ausgegangen werden. Grund genug das „Marathon Paradox" einmal aufzugreifen, aufzugreifen, das besagt, dass Laufen grundsätzlich positiv auf Bänder, Sehnen, das Herz und das Immunsystem wirken soll, die selben Effekte aber für einen Marathonlauf nicht gelten sollen. Das Herz und der Bewegungsapparat sollen bei einem Marathon möglicherweise geschädigt werden und so wird der Marathonlauf mit Todesfällen und orthopädischen Beschwerden in Verbindung gebracht. Grund genug, die Behauptungen und Annahmen zu den Belastungen eine Marathon genauer zu betrachten und kritisch zu hinterfragen. Es ist unstrittig, dass Ihr Körper beim Laufen sehr großen Belastungen ausgesetzt ist! Auf Asphalt muss Ihr Körper bei jedem Schritt ca. das 2,5 - 3,5 fache Ihres Körpergewichts abfangen. Angaben von bis zum 5-fachen des Körpergewichts sind dabei eher unrealistisch und lassen die Belastungen zu hoch erscheinen. Ein mittelschwerer Läufer muss bei einem Marathon aber mit einer Belastung zwischen 5000 und 6500 Tonnen rechnen. Diese unvorstellbare Last verteilt sich jedoch auf ca. 35.000 Schritte und eine entsprechende Belastungsdauer. Die Angst vor der Summe der Belastung für sich alleine genommen scheint zu kurzsichtig. Hinzu kommt, dass zahlreiche Faktoren von außen wichtige Einflussgrößen darstellen. Beispielsweise ist die Belastung auf Asphalt eine andere als auf Waldboden. In Studien zeigt sich, dass Knieprobleme bei Läufern eher auftreten, wenn sie auf Asphalt laufen.

28

Reizungen und Probleme der Achillessehne scheinen hingegen eher auf Waldboden aufzutreten. Beschwerden und Überlastungen treten abhängig vom Wochenumfang auf und deutlich häufiger bei Laufanfängern.

Gut geplantes Training hilft Verletzungen zu vermeiden!

Akute Verletzungen treten bei einem Marathon und beim Lauftraining selten auf. Gerade im Vergleich zu anderen Sportarten ist das Verletzungsrisiko beim Laufen gering. Auch der Schweregrad ist meist eher gering. Probleme die Auftreten sind eher Überlastungsbeschwerden mit geringem bis mittlerem Beschwerdegrad. Dafür sind die jedoch eher von längerer Dauer. Da akute Schäden selten sind, stellt sich die Frage nach möglichen dauerhaften Schäden am Bewegungsapparat durch das Marathonlaufen. Auf der einen Seite stehen dabei die großen Belastungen, die Sie im Laufe der Zeit Ihrem Bewegungsapparat zumuten während auf der anderen Seite das enorme Anpassungspotential aller Gewebestrukturen zu betonen ist. Während Muskeln und auch das Herz-Kreislaufsystem tendenziell schnelle Anpassungen zeigen, sind die passiven Strukturen aufgrund ihres langsameren Stoffwechsels erst mit zeitlicher Verzögerung angepasst. Insgesamt müssen wohl rund 30-75% aller Läufer im Verlauf Ihrer Laufbahn mit Überlastungsschäden rechnen. Das Risiko steigt dabei mit den Trainingsumfängen und nimmt bei einem Umfang über 60 Kilometern pro Woche das größte Risiko ein. Außerdem wird Laufanfängern ein höheres Beschwerderisiko zugeschrieben. Zusammenfassend deuten aktuelle Studien darauf hin, dass die Belastungen eines Marathons keine unmittelbar schädigende Wirkung auf den Bewegungsapparat eines gesunden Sportlers haben! Kurzfristig auftretende Veränderungen, wie Flüssigkeitsansammlungen in den Gelenken, entwickeln sich schnell wieder zurück. Sie können also davon ausgehen, dass die positiven Effekte des Lauftrainings überwiegen. Das gilt auch für das Marathonlaufen Schäden durch einen Marathon sind bei einem trainierten Läufer nicht zu erwarten. Ähnliches gilt für eine chronische oder akute Schädigung des Herzmuskels. Während das Marathon-Paradox beschreiben soll, dass akute körperliche Anstrengung das Risiko an einem plötzlichen Herztod zu sterben erhöht, während regelmäßiges Trainings davor schützt, sieht die Wirklichkeit anders aus. Bei genauer Betrachtung der Studien zeigt sich, dass im Verlauf eines Marathons, ein gesundes und durch regelmäßiges Training angepasstes Herz keinen Schaden nimmt! Allerdings können bei älteren Marathonläufern unentdeckte Herzmuskelschäden nicht ausgeschlossen werden, so dass eine regelmäßige Gesundheitsuntersuchung für jeden Läufer zur Pflicht gehören sollte! Grundprobleme eines Läufers, wie z.B. strukturelle Fehlstellungen im Kniegelenk, dem Fußgewölbe oder auch am Becken sind mögliche Auslöser

30

für schmerzhafte Reizungen oder Entzündungsprozesse. Läufer, die keinerlei Krafttraining, Lauf-ABC oder Gymnastik betreiben können zudem funktionelle Fehlstellungen entwickeln. Wenn Sie auf ein systematisches, regelmäßiges und langfristig angelegtes Training achten, wird Marathonlaufen zu einem gesundheitlich unbedenklichen Erlebnis.

Der Energiestoffwechsel als Schlüssel zum Erfolg

Für das Erstellen eines Trainingsplanes, ist es unausweichlich, dass Sie sich mit der Funktion der Energiebereitstellung auseinandersetzen. Wenn Sie diese durchaus recht komplexen Vorgänge verstehen, sind Sie in der Lage die angestrebten Anpassungen zu deuten und gezielt Ihr Training auf die energetischen Anforderungen abzustimmen. Entgegen der reinen Modellsteuerung des Trainings bedeutet dieses Vorgehen, dass Sie Ihr Training an der Belastungsphysiologie Ihres Körpers orientieren. Richten Sie Ihr Training an Ihrer Biologie aus und erreichen Sie so die notwendige Individualisierung. Ihr Körper und dessen Reaktionen ermöglichen ein geplantes Vorgehen, denn Sie bestimmen, welche Anpassungen Sie erreichen, indem Sie die Intensität und die Belastungsumfänge auf die Physiologie abstimmen. Die Energiebereitstellung läuft nach biochemischen Grundsätzen ab. Der menschliche Körper kann Energie allein aus dem energiereichen Adenosintriphosphat (ATP – tri = 3) herstellen. Dabei wird ein Phosphatteilchen abgespalten, und es entsteht das Adenosindiphosphat (ADP – di = 2). Alle energieliefernden Prozesse haben dasselbe Ziel: Sie stellen aus ADP und Phosphaten wieder ATP her. Dabei spielt es keine Rolle, ob Kohlenhydrate, Fette oder sogar Proteine die Energie liefern. Bei allen genannten Prozessen steht am Ende das Verbinden des ADP mit einem Phosphatteilchen zu ATP. Die Energie zur Anreicherung des ADP kann in den Kraftwerken der menschlichen Muskulatur entweder unter Ausschluss oder unter Beteiligung von Sauerstoff hergestellt werden. Der aerobe Energiestoffwechsel (mit Sauerstoff) arbeitet dabei ökonomischer als der anaerobe (ohne Sauerstoff). Da mehr der Körper über sehr große Speicher beispielsweise von Fett verfügt können Bewegungen so länger aufrechterhalten werden. Allerdings fließt über die aerobe Energiebereitstellung nur wenig Energie in die arbeitende Muskulatur. Bei geringen Intensitäten wird nur ein kleiner Energiedurchsatz realisiert. Steigt die Beanspruchung, greift Ihr Körper zunehmend auf anaerobe Stoffwechselwege zurück, Ihr Körper arbeitet dann ohne die Verwendung von Sauerstoff. Ein Grund dafür ist, dass über die anaerobe Glykolyse mehr Energie pro Zeiteinheit bereit steht. Nur so können muskuläre Bewegungen weiter fortgeführt werden. Allerdings nimmt bei der anaeroben Energiebereitstellung auch die Ermüdung sehr stark zu, da vermehrt die Konzentration von Laktat und anderen Stoffwechselzwischenprodukten wie Ammoniak steigt. Auch der pH-Wert des Blutes steigt.

Da immer wieder auch kurzzeitige Bewegungen mit plötzlich ansteigendem Energiebedarf vorkommen und einige Körperzellen obligat anaerob arbeiten, sind auch ohne körperliche Anstrengungen Laktatwerte von 0,8– 1,5 mmol/l im Blut messbar! Wenn Ihre Zellkraftwerke unter anaeroben Bedingungen Energie bereitstellen, ist immer ausreichend Sauerstoff vorhanden, um aerob arbeiten zu können. Allerdings kann anaerob mehr Energie pro Zeiteinheit erzeugt werden. Das Ziel des Grundlagenausdauertrainings ist es, auf möglichst allen Belastungsstufen den Prozentsatz der Energie, die aus dem aeroben Fettstoffwechsel gewonnen wird, zu erhöhen. Bei der Trainingsplanung ist es wichtig, dass Sie einige dieser Grundlagen kennen, denn nur so können Sie sich den Trainingsprozess aus physiologischer Sicht erklären und sich klare Ziele setzen. Für einen Marathon benötigen Sie vermehrt aerobe Grundlagen, während bei kürzeren Läufen vor allem auch die Fähigkeiten der anaeroben Stoffwechselleistung in den Vordergrund rücken. Marathonläufer deren Grundlagenausdauer sehr gut entwickelt ist, profitieren verstärkt vom gezielten Einbau intensiver Intervalle in den Trainingsprozess.

Der aerobe Kohlenhydratstoffwechsel

Der ökonomischste, gleichzeitig aber auch langsamste Weg, um Energie zu erzeugen, ist die aerobe Verbrennung von Glukose und Sauerstoff (O_2) zu Kohlendioxid (CO_2).

Man nennt diesen Prozess die „oxidative Phosphorylierung", da über diesen Prozess dem ADP wieder ein Phosphatteilchen zugeführt wird. Beim Marathonlaufen spielt diese Art der Energiebereitstellung eine große Rolle, da so über lange Zeiträume hinweg Energie erzeugt werden kann. Der wichtigste aerobe Brennstoff ist die Glukose - ein einfaches Kohlenhydrat. Sie ist das Endprodukt aus Spaltprozessen der komplexen Kohlenhydrate. Stark vereinfacht läuft der energieliefernde Prozess wie folgt ab: Die Glukose wird unter Zugabe von Sauerstoff in Wasser und Kohlendioxid gespalten. Dabei entsteht der wirkliche Energieträger des Körpers, das ATP, das somit als Muskeltreibstoff weiter zur Verfügung steht. Diese Reaktionen laufen innerhalb der Muskelfasern ab. Hier sind kleine „Kraftwerke" – die Mitochondrien – die Kessel, in denen Glukose einem Brennstoff gleich verheizt wird. Allerdings besteht hier auch enormes Potential für Ihre Leistungsverbesserung. Ihr Ziel als Ausdauersportler sollte nämlich sein den Anteil der aeroben Kohlenhydratverbrennung zu Gunsten des aeroben Fettstoffwechsels zu verschieben. Die Gründe dafür erfahren Sie im nächsten Abschnitt.

Der aerobe Fettstoffwechsel

Auch Fettsäuren können auf aeroben Wege verstoffwechselt werden. So kann dem Körper auch langfristig Energie bereitgestellt werden, da die

Fettspeicher einen großen Energievorrat bilden. Die Kohlenhydrate sind aufgrund der geringen Speicherkapazität sehr begrenzt. Würden sie unbegrenzt wieder zugeführt werden können, würde dem Fettstoffwechsel keine besondere Rolle zukommen. Da aber die maximale Aufnahme je nach Kohlenhydratzusammenstellung zwischen 60 und 80 g pro Stunde liegt, entleeren sich die Speicher im Laufe einer Belastung. Fette stehen Ihnen nahezu unbegrenzt zur Verfügung, allerdings müssen Sie Ihren Körper gut darauf trainieren diese auch zu gebrauchen! Da die Kohlenhydrate einfacher verbrannt werden können arbeitet Ihr Körper sobald der Blutzuckerspiegel ansteigt über die aerobe Glykolyse. Im Training haben deshalb langdauernde Trainingseinheiten mit dem Ziel die Fettutilisation zu verbessern nur dann einen Effekt, wenn Sie nicht von Beginn an regelmäßig Kohlenhydrate über Gels oder Flüssigkeit zuführen. Trotzdem gilt der Spruch, dass die Fette im Feuer der Kohlenhydrate verbrennen. Auch bei aktivem Fettstoffwechsel werden also immer auch Kohlenhydrate verbraucht. Konkret beschreibt die, dass die Fettsäuren in den Prozess der aeroben Kohlenhydratverbrennung eingeschleust werden. Dort verbrennen sie gemeinsam mit der Glukose. Die Fette stehen also nur dann als Brennstoff zur Verfügung, wenn auch Kohlenhydrate in den Mitochondrien oxidieren. Weil ihre Verbrennung sehr viel Sauerstoff benötigt, sind Fettsäuren vor allem bei geringer Intensität von

Bedeutung. Allerdings liefern Fette, bezogen auf die Menge, einen höheren Brennwert. So gewinnt Ihr Körper nahezu doppelt so viel Energie aus Fetten im Vergleich zu Kohlenhydraten. Das Verhältnis beträgt 9,3 kcal zu 4,1 kcal. Ein gut trainierter Fettstoffwechsel hat die Eigenschaft, Kohlenhydrate einzusparen, so dass diese dem anaeroben Stoffwechsel bei höheren Belastungen zur Verfügung stehen. Bei untrainierten Ausdauersportlern liegt der Anteil der Energie aus dem Fettstoffwechsel bei ca. 40 %. Durch Training steigern Sie diesen Anteil ohne Probleme auf über 55–60 %. Je schlechter dieser Bereich trainiert ist, desto eher greift der Körper bereits früh auf Kohlenhydrate und deren Speicherform, das Glykogen, zurück. Die Anpassungen laufen dabei auf verschiedenen Ebenen ab. Zum einen steigert sich die Stoffwechselsituation innerhalb der Muskelfasern. Das liegt daran, dass sich die Konzentration der benötigten Enzyme erhöht. Auch die Speicher von Fettsäuren und Glukose innerhalb der Muskelfasern nehmen zu. Zusätzlich steigt die Anzahl der Mitochondrien, so dass auch viel mehr Kraftwerke zur Verfügung stehen. Durch die Zunahme der Zahl der kleinen Blutgefäße und der so gesteigerten Kapillarisierung wird die Durchblutung gefördert, so dass der Sauerstoff und die Substrate einfacher an ihren Bestimmungsort gelangen. Sie müssen aber beachten, dass vorwiegend aerobes Training eher die aerobe Enzymkapazität verbessert, während anaerobes Training primär die anaerob arbeitenden Enzyme steigert.

Anaerobe Verbrennung: schnell und effektiv aber ermüdend

Wenn der menschliche Körper Energie aus Kohlenhydraten erzeugt, ohne dabei auf Sauerstoff zurückzugreifen, spricht man von der anaeroben Glykolyse. In der populärwissenschaftlichen Literatur findet man immer wieder die Begründung, dass dem Körper aufgrund der Belastung kein Sauerstoff mehr zur Verfügung steht und deshalb auf die anaerobe Glykolyse umgestellt würde. Das ist so allerdings falsch, da dem Körper immer in allen Regionen Sauerstoff zur Verfügung steht. Sauerstoffmangel füht zum Absterben von Körperzellen, der so genannten „Nekrose" und kann somit nicht für die anaerobe Energiebereitstellung ein ursächlicher Faktor sein. Stattdessen muss die Begründung lauten, dass Ihr Körper auf dem Wege der anaeroben Stoffwechselwege einen wesentlich größeren Anteil an Energie in einem bestimmten Zeitabschnitt herstellen kann. Deshalb schaltet der Körper immer dann, wenn er mehr Energie benötigt zusätzlich auf die anaeroben Energiequellen zu. So erklärt sich auch, warum bereits bei moderaten Belastungen Laktat entsteht, denn es gibt Zellen, die immer Laktat bilden. Je geringer Ihre aerobe Kapazität ist, um so früher muss Ihr Körper beginnen anaerob Kohlenhydrate zu verbrennen.

37

Leistungsdiagnostik – wie leistungsfähig ist Ihr Körper?

Sie können Ihr Training immer von Ihrer aktuellen Leistungsfähigkeit aus planen und aufbauen. Dabei unterscheidet man unterschiedliche Belastungszonen bei denen unterschiedliche Trainingsmethoden und Anpassungen geschehen. Das Training können Sie über Ihre der Herzfrequenz steuern, in dem unterschiedlichen physiologischen Stoffwechselbereichen bestimmte Herzfrequenzen zugeordnet werden. Je nachdem, ob die Energiebereitstellung eher aerob oder anaerob erfolgt oder ob Sie gerade Fette oder Kohlenhydrate verbrennen, sind bei Ihnen unterschiedliche Körperreaktionen messbar. Jeder spezifischen Trainingszone können so durch die Rückschlüsse auf eine Messung spezifische Anpassungen zugeordnet werden. Erst Informationen über Ihre körperlichen Reaktionen bei einer bestimmten Laufgeschwindigkeit oder Ihrer Herzfrequenz ermöglichen es Ihnen die Trainingswirkung und das Trainingsziel aufeinander abzustimmen. Wenn Sie die Anpassungsreaktionen Ihres Körpers in Ihrem Training ansteuern wollen, müssen Sie also wissen, welcher Herzfrequenz oder welcher Laufgeschwindigkeit welche Stoffwechsellage zugeordnet werden kann. Um Ihre individuellen Trainingsbreiche bestimmen zu können, können Sie eine leistungsdiagnostische Untersuchung bei einem Sportwissenschaftler oder Sportmediziner durchführen lassen. Das Ziel einer leistungsdiagnostischen Untersuchung ist, Ihren aktuellen Leistungszustand zu ermitteln. Darauf aufbauend lässt sich dann Ihr individueller Trainingsplan entwickeln. Erst durch einen solchen Test werden die exakten individuellen Trainingsbereiche für Ihr Training ermittelt. Nur so lassen sich Rückschlüsse auf Ihre Leistungsfähigkeit ziehen und die richtigen Belastungsstufen für Ihr Training finden. Mit pauschalen Faustformeln werden Sie nicht Ihre genauen Trainingsbereiche bestimmen können, da die menschlichen Körper einfach zu unterschiedlich aufgebaut sind und die Funktionsabläufe sich entsprechend unterscheiden können. Trainingszonen lassen sich effektiv weder über die Herzfrequenzvariabilität noch über die maximale Herzfrequenz berechnen.

Verfahren zum ermitteln der Trainingsbereiche

In den letzten Jahren haben sich viele Methoden etabliert, mit denen sich vermeintlich die Trainingsbeanspruchung berechnen lässt. Dazu wurden Formeln entwickelt mit deren Hilfe die prozentuale Verteilung der Herzfrequenz den Trainingszonen zugeordnet wird. So sollen Rückschlüsse auf die internen Prozesse des Körpers gezogen werden. Bei diesen indirekten Verfahren wird jedoch keine Messung der Stoffwechselvorgänge im Körper vorgenommen, sondern Parameter, wie die maximale Herzfrequenz oder die Herzfrequenzvariabilität zur Berechnung herangezogen. Allerdings bildet die Herzfrequenz eine Reaktion auf die

Belastung dar. Sie gibt die Beanspruchung des Körpers wieder. Die berechneten Werte können ablaufende Trainingsanpassungen nur schwer bzw. gar nicht abbilden, so dass die Bestimmung der Herzfrequenzzonen nur näherungsweise möglich ist. Im Gegensatz dazu wird bei leistungsdiagnostischen Verfahren, durch das Messen der Atemgase oder der Blutlaktatkonzentration, die Herzfrequenz der Trainingsbereiche anhand von Veränderungen im Körper bestimmt. Dabei wird nach einem bestimmten Zeit– oder Streckenabschnitt die Geschwindigkeit auf einem Laufband gesteigert. Der erhöhten Stufengeschwindigkeit werden Veränderungen der Messwerte zugeordnet. Während der Belastung wird der Puls aufgezeichnet. Misst man nun am Ende jeder Stufe die Konzentration des Stoffwechselzwischenprodukts Laktat aus dem Kapillarblut, lassen sich jeder Herzfrequenz ganz spezifische Stoffwechselbereiche zuordnen. Anhand der individuellen anaeroben Schwelle und der Kinetik der Laktatkurve können also Rückschlüsse auf die Trainingsbereiche gezogen werden. Diese Testanordnung kann, wie eben beschrieben, relativ einfach im Labor sportartspezifisch durchgeführt werden. Dabei sollte die Belastung immer nahe an der eigentlichen Sportart sein. Läufer testet man auf dem Laufband, sollte Ihnen jemand einen Test auf einem Fahrrad vorschlagen, sollten sie dies ablehnen. Neben den eben beschriebenen Labortests haben sich auch Feldtests im Repertoire der

Sportwissenschaft fest etabliert. Diese Feldtests bieten sich vor allem bei Sportarten an, deren Belastung aus Laufen besteht, da sich beim Laufen die Rahmenbedingungen relativ überschaubar und kontrollierbar sind. Neben den klassischen Laufdisziplinen werden beispielsweise auch bei Ballsportlern oder Triathleten Feldtests zur Trainingssteuerung herangezogen. Auf dem Feld können die Trainingsbereiche gut bestimmt werden und sind dabei auf Ihr persönliches Lauftraining übertragbar[18]. Wir wollen Ihnen deshalb den klassischen Feldstufentest vorstellen. Gerade für ambitionierte Läufer und Profisportler, vom Triathleten bis zum Fußballer, stellt er eine grundlegende Alternative zu einem Test auf dem Laufband dar. Feldtests können auf einer 400 m Leichtathletikbahn im Freien ebenso durchgeführt werden, wie in einer Leichtathletikhalle mit einer 200 m Laufbahn. In der Halle können vor allem die Einflüsse z. B. durch Wind und Wetter ausgeschlossen werden. Die Testergebnisse lassen sich so bei Folgetests besser vergleichen, da die Bedingungen konstant sind. Genau wie auf dem Laufband wird im Feld die Geschwindigkeit von Stufe zu Stufe erhöht. Die Steuerung der Geschwindigkeit sollte über einen Countdown organisiert werden und jeweils die Zeit für 100 m abstoppen. Auf ein akustisches Signal hin muss der Läufer die 100 m absolviert haben. Pro gelaufene Runde geben also 4 Signale Informationen über die Geschwindigkeit. Im Laufe der Stufen, wird die Zeit für die 100 m jeweils kürzer und die Geschwindigkeit analog dazu höher. Ungeeignet sind Steuerungsversuche mit Hilfe von Fahrrädern, wie sie einige Diagnostikanbieter verwenden. Gerade bei den niedrigen Einstiegsstufen lassen sich so die Geschwindigkeiten nicht exakt steuern. Die Stufenlänge kann je nach Leistungsstand zwischen 800 m und 1200 m festgelegt werden. Nach jeder Stufe wird die Herzfrequenz notiert und die Laktatkonzentration aus dem Kapillarblut, z. B. aus dem Ohr bestimmt. Zu beachten ist, dass bei mehreren Testpersonen gleichzeitig in einem Abstand von mind. 2 m und hintereinander gelaufen wird.

Der Unterschied zwischen Laufband und Feldtest

Die Argumente für oder gegen ein Laufband bzw. Feldtest sind vielfältig und müssen mit dem Probanden im Gespräch abgewogen werden. Grundsätzlich können die Trainingsbereiche zwischen Feldtest und Laufband erheblich variieren. Das gilt jedoch nicht für die maximale Sauerstoffaufnahme (VO_{2max}). In Untersuchungen zeigte sich zudem kein Unterschied zwischen der VO_{2max} bei Feldtest oder Laufbanduntersuchungen. Vor allem in der Koordination und im Abdruckverhalten ist das Laufen im Freien nicht mit dem Laufen auf einem Laufband vergleichbar. Der Abdruck auf einem Laufband ist etwas geringer einzuschätzen, da das Bein durch das Band passiv unter dem Körper durchgezogen wird und weniger Vortriebsleistung nötig wird. Gleichzeitig erhöht das Band die Koordinationsleistung, so dass unterfahrene Läufer bei höheren Geschwindigkeiten auf einem Laufband das Gleichgewicht nur schwer halten können. Auf der anderen Seite, kann das Laufen auf einer Laufbahn vor allem Anfänger schon auf den ersten Stufen überfordern. Das liegt daran, dass die Stufenlänge insgesamt wesentlich länger ist, als im Laborbedingungen. Während Sie auf einem Laufband Stufen von 3–5 Minuten laufen würden, dauert die 1. Stufe über 1200 m auf der Laufbahn bei niedrigem Einstieg um die 7 Minuten. Dafür hat die Bahn allerdings den Vorteil, dass auch hohe Geschwindigkeiten ohne koordinative Schwierigkeiten zu laufen sind. Gerade bei Langstreckenläufern oder Triathleten stellen hohe Geschwindigkeiten auf dem Laufband ein Problem dar. Bei entsprechend guter Ausdauerleistungsfähigkeit, kann es sein, dass bei 22–25 km/h der Sportler aus konditioneller Sicht noch könnte, aber die hohe Bandgeschwindigkeit bei eingeschränkter Schrittlänge Probleme bereitet. Bei ambitionierten und gut trainierten Sportlern ist die kardiovaskuläre Ausbelastung eher bei einem Feldstufentest zu erreichen. Dafür sind Zusatzdaten wie das Schreiben eines EKGs oder die Messung der Atemgase mittels einer Spirometrie auf dem Laufband wesentlich einfacher zu handhaben. Wer auf diese Zusatzinformationen besteht, ist auf dem Laufband gut aufgehoben. Mittlerweile gibt es allerdings auch mobile Messgeräte, mit deren Hilfe die Atemgasmessung auch im Feld möglich wird. Zusammenfassend müssen Sie also genau abwägen, wo Ihre Zielstellung liegt und wie belastbar Sie oder Ihre Sportler sind. Erst dann lässt sich endgültig entscheiden, ob eine Feldstufentest oder eine Diagnostik auf einem Laufband absolviert werden sollte. Für Feldtests ist darauf zu achten, dass der Anbieter gute Qualität bietet und Ihnen begründet erklären kann was geplant wurde und wie die Abläufe sein sollten. Eines sollte aber für Sie als Trainer, Sportler und oder Testleiter ein wichtiger Grundsatz bleiben: Von all zu vielen Tests im Trainingsverlauf ist eher abzuraten! Lernen Sie auf Ihren Körper zu hören und die Informationen zu interpretieren. Gepaart mit einer geplant eingesetzten Diagnostik und intelligenter Trainingsplanung können Sie so gezielt Ihre Leistung verbessern ohne Überlastungen zu riskieren. In der letzten Zeit häufen sich in Sportmagazinen die Hinweise, dass der Laktatstufentest sehr ungenau ist und dass die Laktatschwelle mit 10 % Fehler einhergeht. Da sehr viele unterschiedliche Schwellenmodelle existieren und die Schwelle keinen Punkt sondern einen Übergangsbereich markiert, sind solche Aussagen eher von wirtschaftlichem Interesse geprägt und nicht von wissenschaftlichen Ergebnissen. Ganz konkret geht es bei solchen Aussagen darum die wesentlich teureren Testverfahren zu verkaufen. Richtig ist, dass die Spiroergometrie, also das Messen der Atemgase zusätzliche Informationen liefert. Trotzdem sind der Laktatstufentest und der Feldtest mit Laktatmessung kostengünstige Alternativen, die bei guter Durchführung das Bestimmen der Trainingsbereiche ermöglichen.

Was leistet die Spiroergometrie?

Oftmals wird in der aktuellen Diskussion zur Leistungsdiagnostik im Ausdauersport die Aussagekraft der Laktatdiagnostik unterschätzt und die Spiroergometrie überschätzt. Wie so oft liegt auch bei diesem Thema die Wahrheit in der Mitte! Eine Spiroergometrie leistet viel, unterliegt jedoch genau wie die Laktatkonzentration unterschiedlichen Einflussgrößen, so dass der unkritische Einsatz hier genau so viel Fehlerpotential enthält, wie die Laktatdiagnostik. Eine intelligente Leistungsdiagnostik ist oftmals abhängig vom eingesetzten Stufenmodell, der Erfahrung des Diagnostikers und der Interpretation der erhobenen Daten. Die Spiroergometrie wird neben der Kardiologie und der Pneumologie auch in der Leistungsdiagnostik von ausdauertrainierten Sportlern eingesetzt. In der Trainingswissenschaft und der Sportmedizin geht es dabei zum einen um das objektive Darstellen der kardiopulmonalen Leistungsfähigkeit, zum anderen aber auch um das Ableiten von Trainingsbereichen.

Schwelle ist nicht gleich Schwelle!
Beim Ableiten der Trainingsbereiche und beim Ermitteln der maximal möglichen Intensität über längere Zeiträume

ist das Erkennen eines so genannten Steady States von Bedeutung. Dieser wird oftmals mit der individuellen anaeroben Schwelle (IAS) in der Laktatdiagnostik gleichgesetzt. Auch in der Spiroergometrie wird eine anaerobe Schwelle ermittelt, die jedoch nicht mit der IAS gleichgesetzt werden darf![4] Vielmehr handelt es sich um unterschiedliche Bereiche im Stoffwechsel: Während die anaerobe Schwelle der Laktatdiagnostik einen Bereich im Muskelstoffwechsel beschreibt, bei dem sich Laktataufbau und Laktatabbau die Waage halten, beschreibt die anaerobe Schwelle in der Spirometrie eine veränderte Situation in der Atemökonomie. Im Bereich der anaeroben Schwelle der Spiroergometrie steigt bei gleichzeitig steigender Belastung auch das Atemäquivalent an. Um Verwechslungen zu vermeiden wird die anaerobe Schwelle in der Spirometrie auch als VT 1 (Ventilatory Threshold 1) bezeichnet. Sie beschreibt, dass Ihr Körper nun bei steigender Belastung auch mehr Luft ventilieren muss, um 1 Liter Sauerstoff aufnehmen zu können. Beim durchführen einer Spiroergometrie ohne Laktatmessung müssen die Trainingsbereiche somit unter anderen Voraussetzungen bestimmt werden als bei einer gemeinsamen Durchführung eines Stufentests mit Bestimmung der Laktatkinetik und dem Messen der Atemgase. Abgesehen von der Frage, ob es „die" Schwelle überhaupt geben kann, da die Übergänge der physiologischen Kenngrößen eher als fließender Übergang zu sehen sind, muss verwirren, dass es zahlreiche

Schwellenmodelle gibt. Gerade der Laktatdiagnostik wird dies oftmals als „Nachteil" zugeschrieben, wobei verkannt wird, dass Modelle zum Bestimmen einer Schwelle oftmals unter sportartspezifischen Fragestellungen bzw. für bestimmte Stufentestverfahren entwickelt wurden. Das bloße Vorhandensein verschiedener Methoden zum Bestimmen einer Schwelle als Kritikpunkt heranzuführen ist somit unzulässig. Hinzu kommt, dass auch die anaerobe Schwelle in der Spiroergometrie mit verschiedenen Methoden bestimmt werden kann. Neben dem bereits beschriebenen Verfahren zur Messung des Anstiegs des Atemäquivalents existiert eine weitere Methode: Bei der so genannten V-Slope-Methode wird eine Regressionsanalyse von Kohlendioxid-Abatmung (VCO_2) zur Sauerstoffaufnahme (VO_2) gerechnet, um den Bereich der überschießenden CO_2-Produktion zu ermitteln. Dieser Anstieg im Kohlendioxidaustoß erfolgt durch das Abpuffern der Wasserstoffionen (H^+-Ionen), die durch das Abpuffern des sauren Milieus mithilfe von Bicarbonat entstehen.[5,6] Zudem kann in einer Spiroergometrie noch der Respiratorische Kompensationspunkt bestimmt werden, der durch das massiv ansteigende nicht metabolische Kohlendioxid entsteht. Hierbei zeigt sich, in welchem Bereich Ihr Stoffwechsel in einem sehr sauren Milieu stattfindet – dieser Bereich befindet sich oberhalb der IAS aus der Laktatmessung. Wenn es um das festlegen der Zielzonen im Training geht, sollen die gängigen Messmethoden helfen, den Trainingsbereichen zuzuschreiben, wie die Energie im Schwerpunkt vom Körper bereitgestellt wird. Im Grundlagenbereich 1 (GA1) soll z. B. im Wesentlichen die aerobe Energiebereitstellung aus Fetten und Kohlenhydraten angesprochen werden, während im Grundlagenausdauerbereich 2 (GA2) zunehmend auch die anaerobe Energiebereitstellung eine Rolle spielt. Die zuvor beschriebenen Schwellen sollen nun helfen, die Trainingsbereiche voneinander abgrenzen zu können. Wichtig ist darauf zu achten, dass die Einteilung der Trainingsbereiche um die „Schwellen" durchaus abhängig von der betriebenen Sportart und der Distanz ist. Somit muss für jeden Sportler, je nach Sportart und für die unterschiedlichen Disziplinen festgelegt werden, wie die Trainingsbereiche eingeteilt werden sollen. Es macht einen Unterschied, wie lange ein Langstreckenläufer an der individuell ermittelten Schwelle seine Leistung aufrecht erhalten kann oder ob ein Läufer 10 Kilometer laufen möchte. Erfahrene Trainer und Diagnostiker arbeiten hier mit jeweils passenden Konzepten.

Ihr Fettstoffwechsel ist messbar!

Mittlerweile streben Anbieter von „Spirogermetriegeräten" auf den Fitness- und Gesundheitsmarkt, mit dem Ziel, den Fettstoffwechsel unter Belastung messen zu können. Dabei zeichnen diese Geräte den Sauerstoffverbrauch und die CO_2-Abatmung auf. Unter Anwendung der so genannten indirekten Kalorimetrie soll auf den Energieverbrauch und die

Energiebereitstellung aus Fetten und Kohlenhydraten zurückgeschlossen werden. Gleichungen zur Glukoseoxidation bzw. zur β-Oxidation (Fettverbrennung) aus dem Verhältnis dieser beiden Größen, dem so genannten Respiratorischen Quotienten, helfen zu berechnen, wie die Energiebereitstellung verteilt ist. Grundsätzlich liefert das Messen von Sauerstoff und Kohlendioxid zur Ermittlung der Fettverbrennung bzw. Kohlenhydratverbrennung verwertbare Daten jedoch nur für den Bereich unterhalb der 2. ventilatorischen Schwelle. Grund dafür ist, dass bei zunehmendem Anteil der anaeroben Glykolyse – also dem Verbrennen von Kohlenhydraten ohne Sauerstoff – Kohlendioxid freigesetzt wird, das nicht aus dem Energiestoffwechsel stammt. Dieses nicht-metabolische CO_2 wird aus den Bicarbonat-Puffern freigesetzt. Allerdings lassen sich über diese Methode nicht die Trainingsbereiche festlegen. Es gibt Sportler, mit einer guten Ausdauer, aber einem schlechten Fettstoffwechsel. Achten Sie bei einer Spiroergometrie darauf, dass Ihnen die in der Atemgasmessung ermittelten Schwellen und die Laktatschwellen hinreichend erklärt werden. Ausdauersportler haben so die Möglichkeit, ihre Trainingsanpassungen zu überprüfen und ihr Training auf die Ergebnisse hin neu anzupassen. Pauschale Empfehlungen für die Auswertung basierend auf der Laktatdiagnostik oder der Spiroergometrie können jedoch nicht gegeben werden. Die Auswertung jedes einzelnen Sportlers erfordert Fingerspitzengefühl und Wissen um die physiologischen Prozesse im Körper! Gerade die Komplexität der energiebereitstellenden Systeme und deren beständige Interaktion zeigen, wie sensibel der menschliche Körper reagiert. Umso wichtiger ist es, dass Sie lernen Ergebnisse auch zu hinterfragen. Gerade die indirekte Kaloriemetrie, also das Darstellen von Fett- und Kohlenhydratverbrennung, ist nicht geeignet, die Trainingsbereiche abzugrenzen. Allerdings können so sehr wertvolle Informationen über die Leistungsfähigkeit des Fettstoffwechsel gewonnen werden. Ihre Ernährung beeinflusst Ihr Training mindestens im selben Maße, wie Ihre Trainingsbelastung. Ernähren Sie sich zu kohlenhydratreich, wird kein guter Fettstoffwechsel messbar sein. Im Vergleich beider Verfahren kann keines als „besser" oder „überlegen" eingestuft werden – die jeweilige Fragestellung entscheidet über die anzuwendende Methode! Wenn Sie also wissen möchten, ob Ihr Fettstoffwechsel funktioniert, sollten Sie unbedingt eine Spiroergometrie durchführen lassen. So erfahren Sie nicht nur, ob Ihr Training wirksam war, sondern auch, ob Ihre Ernährung auf Ihr Training hin optimiert werden muss.

Trainingsmethoden und Trainingsbereiche

Damit Sie Ihr Training optimal steuern können, benötigen Sie genaue Informationen zu den Trainingsbereichen. Allerdings sind die differenzierten Trainingsbereiche eher für fortgeschrittene Sportler geeignet. Diese differenzierten Trainingsbereiche sind über

einen Laktatstufentest oder eine Spiroergometrie voneinander abzugrenzen. Für Anfänger eignen sich hingegen so genannte 3-Zonen Modelle, bei denen die Trainingsbereiche über Veränderungen im Atemstoffwechsel festgelegt werden.

Trainingsbereich	Steuerung	Grenze / Bereichsfestlegung
Leichte Trainingsintensität	Herzfrequenz oder Laufgeschwindigkeit	Bis zum Anstieg des Atemäquivalentes für Sauerstoff (VT1)
Mittlere Trainingsintensität	Herzfrequenz oder Laufgeschwindigkeit	Zwischen VT1 und VT 2
Hohe Trainingsintensität /Intervalltraining	Herzfrequenz oder Laufgeschwindigkeit	Oberhalb der VT 2

Tabelle 1: Das 3-Zonen Trainingsmodell (www.iq-athletik.de)

51

Trainings-bereich	Abkürzung	Ziel/Inhalt
Langer Dauerlauf/ Regenerativer Dauerlauf	LDL / RL (KB = Kompensationsbereich)	Verbesserung der aeroben Stoffwechselkapazitäten, Ökonomisierung des Stoffwechsels und des Herz-Kreislaufsystems;
Mittlerer Dauerlauf	MDL (GA 1 = Grundlagenausdauer 1)	Verbesserung der aeroben Stoffwechselkapazitäten, Ökonomisierung des Stoffwechsels und des Herz-Kreislaufsystems;
Tempodauerlauf	TDL (GA2 = Grundlagenausdauer 2)	Verbesserungen im Bereich des vermehrt anaeroben Stoffwechsels und des aeroben/anaeroben Übergangs
Extensive Tempoläufe	ETL (EB = Entwicklungsbereich)	Verbesserung der Schwellenleistungen, Schulung der Enzymsysteme der anaeroben Glykolyse
Intensive Tempoläufe/ Intervalle	ITL	Verbesserung der anaeroben Glykolyse, Schulung des Stehvermögens und der Laktattoleranz

Tabelle 2: Die Trainingsbereiche im Laufsport

Die Trainingsbereiche sollten immer individuell festgelegt werden. Die Grundlage bildet dabei der Kurvenverlauf der Laktatbildung im Stufentest bzw. die individuellen Laktatschwellen oder eben Schwellen aus der Spiroergometrie. Nur wenn Ihre Daten wirklich exakt in Ihre Trainingspraxis übertragbar sind, kann für Sie ein stimmiges und individuell passendes Trainingskonzept entwickelt werden. Die oft genannten pauschalen prozentualen Verteilungen zur anaeroben Schwelle können nicht die physiologische Wirklichkeit darstellen. Grundsätzlich unterscheidet man die Trainingsbereiche nach der Intensität, also der Reaktion, die sie im Organismus hervorrufen. Messbar wird die Intensität in Form der Stoffwechselzwischenprodukts „Laktat" oder aber durch Veränderungen in der Sauerstoffaufnahme oder Kohlendioxid Abatmung. Durch die beschriebenen Testverfahren lassen sich Steuerungsparameter für Ihr Training festlegen. Sie können sich dann an diesen Vorgaben orientieren, um sicher zu gehen, dass Sie sich auch mit der richtigen Intensität belasten. Im Radtraining sind die gängigen Steuerungsparameter die Herzfrequenz oder die Wattleistung. Mit Hilfe eines Pulsmessers oder eines Leistungsmessgerätes werden die jeweilige Herzfrequenz oder die Leistung gemessen. So können Sie sicher sein, dass Sie auch die richtige Intensität in Ihrem

Training berücksichtigen. Läufer steuern die Laufintensität am einfachsten über die Herzfrequenz oder eben über die Laufgeschwindigkeit. Hierbei können moderne Laufcomputer alle benötigten Daten aufzeichnen. Moderne Geräte zeichnen neben den genannten Parametern noch die Höhe, die Schrittfrequenz oder sogar die Strecke via GPS auf. Die Auswertung solcher Daten kann Ihnen oder Ihrem Trainer dann helfen das weitere Training gezielt abzustimmen und Veränderungen zu berücksichtigen. Am einfachsten geht eine solche Auswertung mit Hilfe einer Software oder eines Online-Trainingstagebuch. Die bieten oft sogar die Möglichkeit, dass Sie Ihre Trainingsdateien einfach hochladen und so jederzeit sämtliche Trainingsperioden und –zyklen von Ihnen ausgewertet werden können.

Tipps für Ihr Training

√ Ihre Trainingsbereiche lassen sich nicht über Faustformeln berechnen

√ Lassen Sie Ihre individuelle Leistungsfähigkeit bestimmen

√ Achten Sie darauf, dass Ihre Herzfrequenzzonen spezifisch für Ihre Sportart bestimmt werden

√ Steuern Sie Ihr Lauftraining mit Hilfe Ihrer Herzfrequenz oder Ihrer Geschwindigkeit

√ Analysieren Sie regelmäßig Ihr Trainingstagebuch

Trainingsmethoden im Ausdauertraining

Im Ausdauertraining aller Sportarten ähneln sich dich Trainingsmethoden und lassen sich in 4 Haupttrainingsmethoden unterteilen. Darüberhinaus gibt es noch weitere Untermethoden, die sich noch einmal in den verschiedenen Sportarten unterscheiden können. Radsportler trainieren beispielsweise Intervalle ganz gezielt am Berg, während Bergintervalle für Läufer eher eine untergeordnete Rolle spielen. Läufer haben dagegen die Möglichkeit Intervalle auf einer Laufbahn zu absolvieren und sind so weniger durch das Gelände beeinflusst. Insgesamt sind sich die Trainingsbereiche aber sehr ähnlich, so dass Sie von der folgenden Aufstellung jederzeit gebrauch machen können, unabhängig davon, ob Ihre Hauptsportart Triathlon, Radsport oder das Laufen ist.

Die Dauermethode

Eine wichtige Basismethode ist die so genannte Dauertrainingsmethode. Mit ihr können Sie Ihre Grundlagenausdauer hervorragend trainieren und verbessern. Man kann sie noch einmal unterteilen in die

kontinuierliche Methode

Wechselmethode und das

Fahrtspiel

Da Sie mit der Dauermethode vor allem Ihre aerobe Kapazität und die Regenerationsfähigkeit verbessern, setzten Sie diese Trainingsform besonders in der Vorbereitungsperiode ein. Mit Ihr bilden Sie bei niedriger Intensität und gleichmäßiger, langandauernder Belastung die wichtige Grundlagenausdauer aus, auf der Sie Ihre Zielzeit mit Intervallen und Tempoläufen dann verbessern können. Die Belastungsdauer sollte über einer Stunde liegen und kann bis zu 25 km im Umfang einnehmen. Längere Läufe müssen Sie in der Marathonvorbereitung nicht einsetzen. Bei kürzeren Zielen wie einem 10–km–Lauf oder einem Halbmarathon kann die längste Strecke in der Vorbereitungsphase aber auch mal ähnliche Ausmaße einnehmen, wie bei einem Marathonläufer. Allerdings bilden solche langen Läufe bei der Vorbereitung auf kürzere Wettkämpfe nur in Phasen, in denen Sie gezielt an der Grunlagenausdauer arbeiten einen wesentlichen Trainingsanteil. Diese Läufe werden zum Großteil in der kontinuierlichen Methode absolviert. Das bedeutet, dass Sie mit gleich bleibender Intensität laufen. Das Training steuern Sie am besten über Ihren Puls. Die Herzfrequenzwerte können Sie dazu beispielsweise in einer Leistungsdiagnostik bestimmen lassen. Für die Streckenauswahl empfiehlt sich eher flaches Gelände, da Sie so Ihre Belastungsvorgaben am besten einhalten können. Wenn Sie auf einer hügeligen oder bergigen Strecke unterwegs sein sollten, dürfte Ihnen das Einhalten der Trainingsbereiche ungleich schwerer fallen. Gegen Ende der ersten Vorbereitungsperiode, die oftmals mit dem Frühling und höheren Temperaturen einhergeht, empfehlen sich auch zunehmend Läufe in der Wechselmethode. Diese Form der Dauermethode ist schon mit einem größeren Anteil an höherem Tempo im Bereich der anaeroben Schwelle gespickt. Sie erhöhen bei dieser Trainingsform das Tempo auf vorher festgelegten Streckenabschnitten. Diese Abschnitte mit erhöhter Intensität werden gezielt eingeplant, haben aber nichts mit Intervalltraining gemeinsam. Es handelt sich eher um einmalige Tempoverschäfungen, die in einem kontinuierlichen höherem Tempo resultieren. Sie setzen so erste Reize in anaeroben Stoffwechsellagen und können im Laufe Ihrer Vorbereitung die verschiedenen Formen des Intervalltrainings vorbereiten. Ein praktisches Beispiel ist, wenn ein auf der Strecke befindlicher Anstieg oder eine Treppe mit höherem Lauftempo bewältigt werden. Nach dieser Phase mit hoher Intensität wird die Trainingseinheit mit niedriger Belastung weiter fortgeführt. Zum 3 Teilbereich der Dauermethode, dem Fahrtspiel besteht aber nur ein unscharfer Unterschied. Dabei werden die Belastung und die Intensität dem der Gelände angepasst. Gemeinsam mit einem Laufpartner können auch Tempowechsel und Zwischensprints eingebaut werden. Insgesamt kommt es zu häufigeren Tempowechseln als bei der Wechselmethode, die Intensität ist zeitweise höher, so dass vermehrt der anaerobe Kohlenhydratstoffwechsel eine Rolle bei der Energiegewinnung spielt.

Das Intervalltraining

Bei den Intervalltrainingsmethoden wechseln sich Belastung und Erholung in einer Trainingseinheit planmäßig ab. Innerhalb des Erholungsintervalls ist jedoch keine vollständige Regeneration erwünscht. Stattdessen wird bei einer festgelegten Herzfrequenz oder nach einer bestimmten Zeitspanne ein neuer Belastungsintervall absolviert. Sie befinden sich also in einem beständigen Wechsel aus intensiven und weniger intensiven Phasen. Die Intensität variiert dabei von hochintensiv bis zum Schwellenbereich, so dass sich auch die möglichen Zielstellungen unterscheiden können. Die möglichen Anpassungen reichen von einer Verbesserung der anaeroben Kapazitäten und der dafür verantwortlichen Konzentration der Enzyme bis hin zum Steigern des

Stehvermögens. Anpassungen sind zudem in Bezug auf die psychische Ermüdungswiderstandsfähigkeit zu erwarten. Sogar wenn die Belastungen während eines Intervalls mit Sicherheit primär auf der Ebene des anaeroben Kohlenhydratstoffwechsels ablaufen, zeigen Studien, dass hochintensives Intervalltraining zusätzlich auf Ihren Fettstoffwechsel wirken[15]. Die Effekte sind auf Anpassungen in der Erholungsphase zurückzuführen, in der eine stark erhöhte Fettstoffwechselrate gemessen werden konnte. Während in den 90er Jahren primär das Grundlagenausdauertraining im Fokus der Trainer und Experten stand, hat das Intervalltraining in den letzten Jahren durch aufschlussreiche Untersuchungen wieder stark an Bedeutung gewonnen. Vor allem die hohen Belastungsreize und die Belastungsspitzen scheinen sehr gute Anpassungseffekte zu bewirken, so dass Sie in einem zeitoptimierten Training zudem noch sehr effektive Reize setzen. Gerade für berufstätige Sportler oder wenn Ihre Grundlagenausdauer kaum noch Anpassungen über Umfangssteigerungen erwarten lässt, dürfte das gezielte Einsetzen der Intervallmethode erhebliche Leistungssteigerungen in einer vertretbaren Zeit bringen. Es gibt unterschiedliche Möglichkeiten Intervalle durchzuführen. Je nach Pausenzeit oder der angesteuerten Herzfrequenz ergeben sich unterschiedliche Zielstellungen der Intervalle.

Intervall	Dauer Intervall/ Pause	Intensität
extensive Intervalle	4 min / 2 min	EB / ETL
intensive Intervalle	60 s. / 30 s.	EB bis VT 2
hochintensive Intervalle	40 s. / 20 s.	Oberhalb VT 2

Tabelle 3: Übersicht verschiedener Intervallmethoden

Leistungsreserve Regeneration: Erholen Sie sich!

Das Lauftraining wird komplexer und auch intensiver. Je schneller Sie einen Marathon laufen möchten, um so größer wird die Bedeutung von Intervalltraining und extensiven Tempoläufen. Dazu kommen noch Krafttraining, Lauf-ABC, Grundlagenausdauer und ergänzende Trainingsmittel wie Bergläufe oder Crossläufe. Während wir in der Sportwissenschaft viele Informationen zu den notwendigen Trainingsumfängen und die Trainingsqualität gewonnen haben, kommt die Frage nach der richtigen Regeneration jedoch oft zu kurz - erholen Sie sich doch einmal ausgiebig. „In der Pause wächst der

Muskel" dieser aus dem Krafttraining entlehnte Merksatz trifft auch auf uns Läufer zu. Allerdings ist das Erholen von einem Trainingslauf ein sehr komplexer Vorgang. Er beschränkt sich nicht allein auf das Wiederauffüllen Ihrer Kohlenhydratspeicher in Ihren Muskeln. Laufen besteht zum Großteil aus exzentrischen Belastungen, denn Sie müssen bei jedem Schritt, Ihren Körper abfangen. Dabei treten mikroskopische Risse an den Z-Scheiben auf. An diesen Scheiben sind die kontraktilen Proteine Ihrer Muskulatur verankert. Durch die wirkenden Kräfte reißen einzelne Strukturen ein. In der Regenerationsphase wird also immer auch geschädigtes Muskelgewebe „repariert". Erst so können Trainingsanpassungen initiiert werden. Muskelkater wird auch durch eine große Anzahl dieser „Verletzungen" ausgelöst. Neben den Muskeln und möglichen Anpassungen Ihres Energiestoffwechsels ist Regeneration auch für Ihre passiven Strukturen von Bedeutung. Ihre Knochen, Sehnen und Bänder verfügen nur über sehr geringe Stoffwechselaustauschraten und benötigen viel größere Regenerationszeiten. Wenn Sie Entzündungen und Überlastungen vermeiden will und gleichzeitig Ihre Leistung steigern wollen, brauchen Sie Mut zur Pause. Zu den zeitlichen Abläufen Ihrer Erholung können keine pauschale Angaben gemacht werden. Ihre Alltagsbelastung ist eine wichtige Einflussgrößen. Ihr Körper unterliegt zudem unterschiedlichen zeilichen Verläufen in der Erholung: während sich Ihr Herz-Kreislaufsystem beispielsweise innerhalb weniger Tage nach einem Marathon komplett regeneriert hat und sich beispielsweise wieder die gewohnten Ruhepulsbereiche einstellen, kann die Regeneration auf muskulärer Ebene mehrere Wochen in Anspruch nehmen. Abhängig ist die Dauer Ihrer Erholung von Ihrer Trainingsphase, der Ruhe, und dem Ersatz von Baustoffen und Energielieferanten. Dazu benötigen Sie jedoch keinerlei speziell angepriesene Supplementierung sondern sollten sich auf eine klug zusammengestellte Nahrungsmittelauswahl verlassen.

Lässt sich Erholung messen?

Das Messen des Ruhepulses oder das Erfassen Ihrer Herzfrequenzvariabilität mit Hilfe moderner Herzfrequenzcomputer soll Ihren Erholungsgrad. Allerdings zeigt sich bei genauerer Analyse aller Verfahren, dass keines zuverlässige Informationen zur Erholung geben kann. Zu groß sind die verschiedenen Einflussgrößen, so dass bereits ein Streit mit Ihrem Partner oder Stress bei der Arbeit die Herzfrequenzvariabilität zu stark beeinflussen kann. Da es derzeit keinen zuverlässigen Nachweis für die Wirkung solcher Methoden gitb, besteht ein Problem darin, dass Sie zu viel oder zu wenig Regenerationszeit einplanen, wenn Sie sich nach diesen Methoden richten. Auch sportmedizinische Ansätze bei denen Blutparameter gemessen werden sind bei genauerer Betrachtung ungenau und weder der Harnstoff noch das Muskelenzym Creatinkinase lassen Aussagen zu Ihrer Erholungsfähigkeit zu. Massage oder Kälteanwendungen gelten als regenerationsfördernd. Aber halten diese Methoden auch, was sie versprechen? Gerade Massagen erfreuen sich bei Sportlern großer Beliebtheit und bei vielen Läufen organisieren die Veranstalter Massagen im Zielbereich. Berücksichtigt man jedoch die Studienlage zu dem Thema, müssen wir feststellen, dass Massagen weder die Regeneration verbessern noch wirkungsvoll Muskelkater beeinflussen können. Kältebäder scheinen hingegen bei manchen Läufern zu wirken und tatsächlich einen Einfluss auf die Regeneration zu haben.

Mut zur Pause!

Aktives Erholen, also lockere, regenerative Läufe und Entspannung scheinen die Regeneration effektiv unterstützen zu können. Sie sollten unbedingt einmal im Jahr eine Übergangsphase einplanen, in der Sie sich ausgiebig erholen. Gerade nach intensiven Trainingsphasen oder nach einem Marathon bietet es sich an einmal eine längere Regenerationsphase einzuplanen und erst nach vollständiger Erholung wieder mit einem Trainingsblock zu starten. Mut zur Pause bietet die Chance einmal auszuspannen und zu erholen, um dann frisch und ausgeruht in die neue Trainingsphase zu starten.

Tipps für Ihr Training!

1. Grundlage Lauf-ABC

   Das Lauf-ABC schult die Grundlagen der Laufbewegung, indem sie in Einzelbestandteile zerlegt werden. Mit der Fußgelenksarbeit wird beispielsweise an der Beweglichkeit des Fußgelenks gearbeitet. So können Sie Ihren Laufstil optimieren. Auch der Kniehub und die Hüftstreckung sind einzelbestandteile, die im Lauf-ABC geschult werden. Zu den wichtigsten Übungen zählen: Fußgelenksarbeit, Ausfallschritte, Skippings, Steigesprünge, Anfersen.

2. Intensitäten variieren

   Innerhalb eines Trainingsblockes von 3 Wochen sollte Ihre Herzfrequenz mindestens einmal in allen Belastungsbereichen gelegen haben. Trainieren Sie nicht immer im selben Trott!

3. Trainingsmethoden variieren

Variieren Sie auch die Trainingsmethoden und trainieren Sie nicht ausschließlich in der Dauermethode. Bauen Sie Lauf-ABC, Sprünge oder auch Intervallläufe in Ihr Training ein.

4. Auf Regeneration setzen

Nur wenn Sie ausreichend regenerieren wird Ihr Körper auch eine Leistungssteigerung erfahren. Trainieren Sie zu viel sind Stagnation und Leistungseinbrüche oder Überlastungsschäden vorprogrammiert

5. Regelmäßige Leistungsdiagnostik

Auch Freizeitsportler sollten 1 bis 2 mal pro Jahr eine leistungsdiagnostische Untersuchung absolvieren. Bei einer Laktatdiagnostik oder Spiroergometrie erfahren Sie viel über Ihren Trainingszustand und Ihre Trainingsanpassungen. Achten Sie darauf einen solchen Test bei einem erfahrenen Sportwissenschaftler oder Sportmediziner zu absolvieren.

6. Moderates Steigern der Trainingsumfänge

Auch wenn Sie sich am Anfang stark verbessern und spürbar leistungsfähiger werden, sollten Sie Ihre Trainingsumfänge oder Intensitäten nur moderat steigern. So vermeiden Sie Entzündungsreaktionen und andere Überlastungsschäden.

7. Trainingstagebuch führen

Sie sollten ein Trainingstagebuch führen und darin notieren, wie viel Sie wie schnell gelaufen sind. Dabei ist es auch wichtig subjektive Informationen aufzuschreiben. So erhalten Sie ein Abbild Ihres Trainings und können erfolgreiche Trainingsabschnitte und auch Rückschläge analysieren und für Ihr weiteres Training berücksichtigen

8. Geländeläufe einbauen

Gestalten Sie Ihren Laufuntergrund abwechslungsreich. Grundsätzlich hat jeder Untergrund vor und Nachteile. So sind Waldböden zwar geringer belastend für Ihre Knie, führen aber zu größeren Belastungen der Achillessehne. Wenn Sie Marathon laufen wollen, sollten Sie unbedingt auch auf Asphalt laufen. Das Laufen im Wald schult Ihre Lauftechnik und kann Sehnen und Bänder stabiler machen.

9. Vielfalt trainieren

Trainieren Sie neben Ausdauer auch Kraft und Koordination. So verbessern Sie Ihre Leistungsfähigkeit umfassend und fördern Ihre Gesundheit.

10. Spaß haben – laufen genießen

Spaß und Motivation ist die wichtigste Grundlage für Ihren Trainingserfolg. Suchen Sie sich Freund oder schließen Sie sich einer Trainingsgruppe an. In der Gruppe trainieren fördert den Spaß und motiviert auch in stressigen Phasen das Training beizubehalten. Das wiederum hilft Ihnen auch langfristig Ihre Ziele zu erreichen.

Literatur

1 WORLD HEALTH ORGANISATION (WHO): Gesundheitsförderung durch Bewegung – ein Handlungsrahmen für die europäische Region der WHO. Europäische Ministerkonferenz der WHO zur Bekämpfung der Adipositas. Istanbul, 15.-17. November 2006.

2 Rütten, A., Abu-Omar, K. Bevölkerungsbezogene Intervention – Ansätze und Evaluation In: WOLL, A./BREHM, W./PFEIFFER, K. (Hrsg.): Intervention und Evaluation im Gesundheitssport und in der Sporttherapie. Schriften der Deutschen Vereinigung für Sportwissenschaft. Band 139. Czwalina Verlag, Hamburg, S. 177-188.

3 Lange, H. (2007). Optimales Walking. Balingen: Spitta.

4 European Journal of Applied Physiology, 2003, Bd. 89, S. 281– 288.

5 Deutsche Zeitschrift für Sportmedizin, 2011, Bd. 62 (1), S. 10–15.

6 International Journal of Sports Medicine, 2005, Bd. 26, S. 28–37.